DAN RICHTER

Außer vielleicht Freundlichkeit

GEDICHTE

Zeichnungen von Katja Palm

Impressum

Dan Richter
www.danrichter.de

© September 2020 / April 2023

Herstellung und Verlag: BoD – Books on Demand, Norderstedt

Zeichnungen: Katja Palm

Bibliografische Information der Deutschen Nationalbibliothek:
Die Deutsche Nationalbibliothek verzeichnet diese Publikation in
der Deutschen Nationalbibliografie; detaillierte bibliografische
Daten sind im Internet über www.dnb.de abrufbar.

ISBN 9783754317525

Gedichte

Eröffnung

Komm, Lyrik, feinstes meiner Kunstgeschäfte!
Sollst die Gedanken durch die Formen leiten.
Wenn so die Schemen nur mein Denken weiten,
entfalten sich des Dichters volle Kräfte.

Und wenn ich auch die alten Dichter äffte,
die das, was ich jetzt tu, getan vor Zeiten,
ich öffne gern die jungfräulichen Seiten
des dritten meiner zart linierten Hefte.

Vielleicht gelingt noch mal der große Bogen.
Vielleicht lass ich es mittendrin bewenden,
leis ahnend, dass ich nur mich selbst betrogen.

Bis dahin werd ich mich mit Lust verschwenden.
In vager Hoffnung, dass mir wer gewogen,
hier eine Warnung: Lasst euch ja nicht blenden.

BESINNUNG (1)

Ideenflug

Langsam segeln die Ideen
still heran.
Können klar wir sie erspähen,
ziehn sie uns in ihren Bann.

Ist's die falsche Zeit im Leben,
ist's für sie der falsche Ort,
halten sie nicht an und schweben
still hinfort.

Da

die nie probierte speise
die nie getane reise
die nie verstandnen worte
die nie gesehnen orte

die nie geöffnete pforte
die nie gesungene weise

so viel ach wenn! so viel ach ja!
vergiss nicht: du bist da.

Besitz-Anzeige

Besitze einen Ahornschrank
und fünftausend Bücher,
Kleidung, Nahrung, eine Bank
und Geschirrhandtücher.

Besitze Geld und auch zwei Brillen
und wahrscheinlich Bürgerrechte.
Ich besitze einen Willen.
Aber ist's der echte?

Tauch ich abends in den Fluss
bin ich ganz befreit.
Alles Haben, alles Muss
nimmt hinweg die Zeit.

Neuanfang

Das Unrecht schlug zu.
Rasch. Unerwartet.
Der Dinge Lauf – du
hast ihn gestartet.

Vorbei. Verlorn.
Jetzt heißt's warten.
Aus dem Zarten
wird Neues gebor'n.

Und die Kraft
bald schon ersteht
aus der Quelle des Herzens.
Unrecht verweht.

Müßiggang

Ich beicht es heut, verheimlich es nicht länger:
In meinem Herzen wohnt ein Müßiggänger,
der sich nicht kümmert um die großen Pflichten
und der's genießt, die Stunden zu vernichten.

Man hat ihm oft vom Fleißigsein gepredigt.
Doch hat das Gute sich meist selbst erledigt.
„Was nutzt's, wenn ich hier meine Kraft verschwende.
Ihr Emsigen, was braucht ihr meine Hände?"

Der Schlingel sagt, schelt ich ihn manchmal selber:
„Von Arbeit wird die Sonne auch nicht gelber,"
Und dennoch nehme ich sein Dasein heiter.
Sein Mitbewohner ist ein Bauarbeiter.

Besonnenheit

Ich gliche gern dem Kapitän im Sturme,
des Handeln weder Furcht noch Zorn bedrückt,
der unverzagt auf dem Kommandoturme
entscheidet und dabei den Tod erblickt.
Nicht übermannt vom Wirrwarr der Momente,
und was zu tun ist, wird auch ohne Klag getan.
Selbst wenn noch unter ihm das Schiffsdeck brennte,
er hielte aus wie Maynard, unser Steuermann.
Doch statt mich an Fontanes Held zu messen,
der schließlich auch verkohlte wie ein Docht,
sollt ich beim Schreiben nicht die Milch vergessen,
die grad in meiner Küche überkocht.

Optionen

Habe hundert Möglichkeiten,
durch den heutgen Tag zu gleiten.
Habe tausende Optionen,
mich minütlich zu belohnen.

Und es quält mein ganzes Denken:
Wie könnt ich mich jetzt beschenken?
Solches Suchen rasch ermüdet,
ohne dass der Geist befriedet.
Er soll in der Ruhe wohnen.
Frieden heißt: Sich zu beschränken.

BEGEGNUNGEN

Nachbarn

Der Nachbar öffnet nicht
die Tür zu seinem Herzen
die synchron fast schlagen
sie die Sahne nebenan
da klappert was beständig
hör ich ihn am Tage
lang scheint er sich zu verstecken
wir uns voreinander
muss man nichts verbergen
Sie dort etwas, das niemand
sah ihn je
den Nachbarn
der ich bin.

Nachtgedanken

Die Augen weit zu nächtlicher Stunde.
Von welchem Traum bin ich aufgeschreckt.
Konfuse Gedanken drehen die Runde,
die tief im Unterbewussten versteckt.

Ich hätte die Palme längst gießen müssen.
Hat Jens mich beleidigt? Oder ich ihn?
Schlaf ich gleich ein oder geh ich jetzt pissen?
Ist 1517 prim?

Wenn niemand mehr stirbt, was bedeutet dann Leben?
Jetzt zähl ich Schäfchen. Bei Drei lass ich's sein.
Klingling, es ist Zeit nun, sich zu erheben.
Ich schalt den Wecker aus und schlaf ein.

Körperbau relativ

Ich mach mich wieder mal bereit,
betracht im Spiegel meine Falten.
Und trotz der Spuren meiner Zeit
hab ich mich doch recht gut gehalten.
Jetzt schau dir diesen Prachtkerl an:
Ein beinah junger, reifer Mann.

Mein Sohn kommt rein, studiert genau
die vielen kleinen Einzelheiten
von seines Vaters Körperbau
in allen Höhen, Tiefen, Breiten.
Und schließlich fragt er völlig kalt:
„Werd ich auch mal so irre alt?"

Der Weise

Wenn andre stritten, schwieg Bernardo sanft,
doch sparte später nicht die Schlichterworte.
Und schlug ihn Kummer, war's ihm wie ein Spiel:
Was kann ich lernen aus des Schicksals Schlingern?
Wo er sich aufhielt, wohnte Heiterkeit,
die noch verblieb, wenn er gegangen war.
Nun ist er fort. Für immer oder lang?
Wir fragen täglich: Was würd' er jetzt tun?
Geschenk, den Weisen Freund zu nennen.
Wir warn schon alt; Bernardo zweiundzwanzig Jahr.

Paris

Wir waren am Eiffelturm angekommen,
dem Bauwerk von erstem Rang,
und hatten schon von weitem vernommen
tausender Stimmen Klang.

Die Handys, die Fotos, das Lachen, das Posen.
Der Turm war ihnen Tapete, wie geil.
Verzweifelte Händler in dreckigen Hosen
boten Miniaturen feil.

An einer Wand hinten bei den Toiletten
stand ich allein und betrachtete sacht
die (ungeachtet der tausend Doubletten)
noch immer betörende kühle Pracht.

Dachbodenfreundschaft

Genascht Konfitüre aus staubigem Fach
auf dem Boden des Daches klammheimlich zu zweit.
Und Hefte und Schachteln, ein Hakenkreuz.
Die Sonne streng durch das Dachfenster strahlt.
Wir, in dem Glauben, es wär uns verboten,
nach immer größeren Schätzen gespäht,
nicht ahnend, der größte war hier und jetzt
der Augenblick
des wahren, gemeinsamen Abenteuers
der zwei Freunde,
die sich viel später erst wiederbegegnen
fast vierzig Jahre
und kurz nur nickend sich grüßen.

Havelflut 1988

Wir warfen Sack um Sack zum Schutz des Dorfes
und warn erschöpft.
Und jeder in Erwartung des Genusses
hat ein Bier geköpft.
Ein Stop der Abstinenz für unsre Mühen.
Die Flaschen klein.
Wie ausgemolkne Kühe soffen wir sie
in uns rein.

Spielplatz April Ungemütlich

Eine kühle Brise weht durch den Spielplatz.
Im feuchten Sand ein verlornes Muschelförmchen.
Lustlos wird die Babyschaukel ausprobiert.
Die Hose eingesaut beim Rutschen,
was der Mutter egal ist,
weil ihr alles egal ist,
weil sie müde ist,
keine Türkin.
Ein Zweijähriger hackt auf die Buddelumrandung.
„4. Dezember 19..“ Granit.
Friedhofsschrott.
Musste das jemand in einem Amt genehmigen?
Schaut dieser Jemand jetzt aus dem Fenster und
sieht denselben Nieselregen
wie ich?

Geruch der Kälte

In einer alten Laube,
der Tisch bedeckt vom Staube,
sucht' ich des Nachts Asyl.
Ich fand zwei Tagebücher,
inmitten dicker Tücher.
Ich hüllt' mich ein, denn es war kühl.

Schlaflos las ich die Seiten
aus längst vergangnen Zeiten.
Wer war wohl wer darin?
Autorin ist gestorben
Die Zeilen sind verdorben,
verfasst von der Selbstmörderin.

HUNGER AUFEINANDER

Grazie

Ein zarter Nabel, eine gelbe Socke,
ein freies Lächeln ohne jedes Ziel,
ein Kaffeefleck am T-Shirt und die braune Locke,
die keck auf deine Schulter fiel.

Ein leises Summen, so wie in Gedanken,
ein irritierter Käfer auf dem Knie,
ein weiter Blick, ein Lächeln ohne alle Schranken,
als wärst du eine Phantasie.

Ein schlankes Schlüsselbein, geschwungne Brauen,
ein Lächeln, das noch niemand eingezäunt,
es könnte niemand dies perfekte Bild versauen,
nur der da neben dir, dein Freund.

Liebesgrund

„Sag, Mädchen, warum liebst du?
Gibt es da einen Grund?"
„Ich glaube, ich bin einfach
nur wahnsinnig gesund."

„Hast du nicht Angst, dein Lieben
dich nur unglücklich macht?"
„Es liebt nicht, wer vorm Lieben
noch lange nachgedacht."

„Bist du für wahre Liebe
nicht eigentlich zu jung?"
„Fürs Lieben braucht ja niemand
eine Entschuldigung."

„Ich wag es kaum zu fragen:
Bin ich es, den du liebst?"
„Ach, lieber alter Knabe,
ich glaube, bei dir piepst's."

Begegnung am Bahnhof Zoo

Zum Bahnsteig hoch! Mir schmerzten schon die Beine,
so rannte ich. Die Türen gingen zu.
Der Zug fuhr fort, doch ich war nicht alleine.
Am andern Ende dieses Bahnsteigs: Du.

Ein Lächeln, so als kennte man sich ewig.
Drei Stunden, und dann kommt die nächste Bahn,
spaziern im Zoo. Und vor dem Puma-Käfig
hast du den Tau gewischt aus meinen Haarn.

Du schautest auf den Grund von meinem Wesen.
Ich weiß, ich sah auch deine Seele klar.
So wie verbotnes Tagebücherlesen,
so nackt, so tief und so erschreckend wahr.

Die Zeit! Der Zug! Vorbei am lila Flieder.
Zum Bahnsteig hoch! Zum Abschied schnell
  umarmen.
„Am Sonntag hier!" Ich sah dich nie mehr wieder.
Und ach, ich kannte nicht mal deinen Namen.

Individualität

Ihr Augenglanz, das helle Strahlen ihrer Zähne,
sie gleicht der Birke, die im Winde biegsam steht.
Kein Gott könnt schaffen, was sich so im Tanze dreht.
Für solche Schönheit gibt es keine Musterpläne.

Ich hielt im Arm sie, schau, da rollte eine Träne.
War sie von mir? Von ihr? Ich fragte nicht. 's war spät.
Ich sog an ihrer Individualität,
am Duft der ungeheuer schwarzen, weichen Mähne.

*

Dank ich dem Zufall? Deinen Eltern? Deinen Genen?
Muss evolutionäre Sprünge ich erwähnen?
Doch soll ich dich auf deine Gene reduzieren?

Ich hört', dass man zu dem wird, was man denkt und
    tut.
Und wenn das wahr ist, tut das, was du tust, mir gut.
Denn auch das Lächeln muss man jeden Tag
    trainieren.

Hunger

Nichts als der Hunger aufeinander,
dabei warn wir schon voll von des andern Schweiß.
Gehüllt im Wäscheduft: Oleander.
Fauchender Atem, von Gier so heiß.

Als hätte man uns etwas vorenthalten,
als kennten nur wir den wahren Preis.
Jedes Haar, alle Narben, jeder Blick, alle Falten,
bald weißt du von mir mehr, als ich von mir weiß.

Erschöpft in der Küche, die Fenster verhangen,
als ob ein Stück Stoff je den Hunger verbirgt.
Gesättigt und doch ein ewig Verlangen.

Zwei Nächte, ein Tag, was sollte uns Zeit?
Hätt's länger gewährt, hätten wir uns erwürgt.
Am Ende – zweisame Einsamkeit.

Böse Liebe

In Berlin-Mitte hab ich mit ihr geschlafen.
Da stand nur ein Telefon in dem Raum und ein Stuhl.
Wie unser Lieben war
– kalt und hart und schnell –
so lieb ich das Lieben nicht,
doch ich schwieg.
Sie, die Warme, lachte.
Doch etwas in uns zerbrach,
als ich das Telefon aus der Wand riss
und wir gingen.

Sommernacht

Und es war alles gesagt
Und sie hatten alles gesehen
Und ihre Hand fand seine.

Und schwül war die Nacht
Und doch zitterte er
wie beim schluchzenden Weinen.

Und da war keine Lüge
Und es gab nichts zu verbergen
Keine Schuld, kein Verzeihen.

Und später würden sie schwitzen
Und staunend erschauern
Und schreien.

Aber jetzt war da nur
die ungeheure, nackte
Wahrhaftigkeit.

Verschwendung

Bei dir, mein Weib, hat die Natur
mit zarter Schönheit nicht gegeizt.
Dein Körper eine Himmelsspur,
als hätte Gott sich ausgereizt.
Dein Leib, die Glieder, die Pupille
von überirdisch ebnem Maß.
In dir zeigt sich ein höhrer Wille.
Natur, verschwenderisches Aaß!

Orgasmus

Als würd' ein großes Flugzeug Anlauf nehmen,
bevor es in die Höhe steigt,
und niemand könnt', was jetzt kommt, zähmen.
Der Pfeil im Kopf auf Abflug zeigt.

Ein Schub von wilden Lendenkontraktionen
erwärmt dich bis zum großen Zeh.
Und viele tausend Nervenexplosionen
tun angenehm dem Körper weh.

Du kannst nichts hören und du willst nichts sehen.
Ein buntes Feuer in dir brennt.
Erleuchtungsgleich umfassendes Verstehen
in diesem einen Glücksmoment.

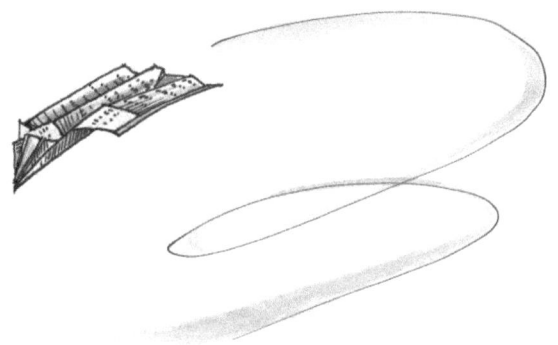

Scham

Eine Hütte, eine Insel und ein See in Kanada
Proviant für vierzehn Tage. Außer uns war keiner da.
Aßen, lasen, spielten, liebten, grade wie es uns bekam.
So vertraut, so dicht und innig ging verloren jede
  Scham.

Ach, wie war der Abend trübe, als das Boot zurück uns
  fuhr.
Unser unbefangnes Leben – hinterließ es eine Spur?
Mit der Zivilisation wurden wir nur langsam warm.
So vertraut, so dicht und innig ging verloren jede
  Scham.

Nachtritual

Knabe smste: „Wo bist du?"
Mädchen lag schon längst zur Ruh.
Knabe schrieb: „Ich bin allein,
will in deinem Bettchen sein!",

nahm es dann, da sie nicht ant-
wortet' selber in die Hand.
Alle Menschen groß und klein
solln sich so behilflich sein.

PFLAUMENDORF

Nachhall der um 9:15 Uhr geschlagenen Glocke

Die Brüder halten inne,
umfasst vom heil'gen Dröhnen.
Der Klang ermahnt die Sinne,
sich an Klarheit zu gewöhnen.

Der Ton hallt nach im Geiste,
in der Gedanken Flug.
Still grinst der Tempelmeister,
der hier die Glocke schlug.

Morgenmeditation

Wieder dampft die Morgenwiese.
Langsam steigt die Sonn empor.
Eine laue Frühlingsbrise
säuselt neckend in mein Ohr.

Noch sind meine Pläne vage,
froher Mut bestäubt die Seel'.
Keine Mühe, keine Plage.
Kein Geschrei entweicht der Kehl'.

Atme tief – dies ist das Leben.
Meinem Glück ich Danke sag.
Fröhlich kann ich mich erheben.
Komm, du schöner frischer Tag.

Nächtlich nobles Schweigen

Es geht auf Neun. Die Sangha schweigt.
Die Stille wird zum edlen Band.
Gemeinschaft sich verbunden zeigt
mit jedem einzelnen Verstand.

Die Glocke ruft uns aus dem Schlaf.
Bis nach dem Frühstück bleibt man still,
teils weil man nicht sprechen darf,
teils weil man nicht sprechen will.

Der kranke Meister

Als der Lehrer vom Schlag getroffen,
war er schon neunzig und man hat ihn gepflegt,
voller Bangen, keiner wagte zu hoffen,
dass der Gelähmte sich je wieder regt.

Und Thay, der stets lehrte, wie Körper und Geist
für achtsame Menschen in Einheit verbleiben,
dass Leiden nicht gleich Verzweiflung heißt,
musste die Kunst bei sich selbst auch betreiben.

Lächelnd hat er stets ums Leichtsein geworben
und ward von der Sangha als Meister verehrt.
Und als er dann zehn Jahre später gestorben,
hatte er sie auch durchs Schweigen belehrt.

Lied für Pflaumendorf

Reicht euch die Hände! Erkenne dich selbst in dem
    andern.
Nimm dir die Zeit, um mit ihm ein Stück Weges zu
    wandern.
Lös dich vom Bald.
Was gestern war, ist schon alt.
Lasst eure Liebe mäandern.

Reicht euch die Hände! Nun seht, ihr seid gleich unter
    Gleichen.
Arme sind reich hier und hilfebedürftig die Reichen.
Nichts zählt dein Gut.
Gut ist nur, was man auch tut.
Davon wolln wir hier nicht weichen.

Nach Hause

Lange Zeit war ich verreist.
Nun fahr ich nach Haus.
Fremde Nahrung, fremde Nasen,
bald bin ich zuhaus.
Doch im Grunde weiß ich klar,
dass mit jedem Schritt,
den ich wach und achtsam ging,
stets zuhaus ich war.

SZENEN DES

SCHRECKENS UND

DER FREUDE

Grillen im Juni in Berlin

Luftig lockt die kaum berührte Wiese
Fachgerecht gehackte Schweineteile.
Bald schwebt eine leichte Kohlenbrise
durch den Park. Verweht nach einer Meile.
Zwölf Familien. Türken und Deutsche.
Fett tropft in die Glut, mit Pilsner löschen.
Wurst im Wanst und Alkohol im Blute.
Karin mampft wie eine fette Stute.
Heute Abend wird er sie verdreschen.
Der Zitronenfalter kann den angebrannten Flügel
  nicht mehr retten.

Gottesdienst

Kalt feucht die Halle
Noch einmal rasch blättern
Und vorn des Gefolterten Bild.
Fast zögernd
Doch unausweichlich
erhebt sich der Menge Gesang.

Pfarrer liest vor
Erwartbaren Plimplam,
Der Trost gibt wie einst Mamas Lied.
Gebet und ein Amen
Gemeinschaftsgefühle
Zumindest am Sonntag.

Erde. Vormittag. Frühlingsbeginn

Des Bärlauchs Frische würzt den kleinen Wald:
Du üppig-früher Bote zeugst vom Werden.
Die Sonne heuer kämpft, der März noch kalt.
Auch dies – ein kleiner Fleck auf unsrer Erden.

Ein Jogger eifrig durch die Pfade schnauft.
Am Rand des Waldes wird Benzin verkauft.
An der Einfallsstraße: Durstge Wagen.
Auch diese muss der Erdenball ertragen.

Und während ich von meinem Wäldchen schwärm,
umfängt mich knatternder Motorenlärm.
Und mir wird flau im Kopf und in den Beinen.

Der Lauch, der März, der Jogger, das Zerstören.
Es muss wohl alles auch dazugehören.
Ich weiß nicht, soll ich lächeln oder weinen.

Ein feines Mahl

Sanfter Dampf dem Barschfilet entweicht.
Schwarzgrün schlängelt sich die Algenpasta.
Ein 12er Sauvignon passt fast ins Raster,
wenn man gleich vor dem Barsch ihn reicht.

Die Nudeln weich, der Wein scheint heute leicht,
den Gaumen kitzelt's wie ein böses Laster.
Mango-Mousse in Schal'n aus Alabaster.
Und endlich dem Gourmet ein „Öps" entschleicht.

Aus der Küche dringt profanes *Klirr!*
„Die Rechnung bitte, wenn ich mich nicht irr."
Aus der Tür mit Männlein – dumpfer Mief.

„Nun komm, Schatz!" – „Warte doch, dein Hut sitzt
    schief."
Am Taxistand Gedrängel und Gewirr.
Der Koch wischt drinnen Gräten vom Geschirr.

Spätsommergewitter

Die Luft riecht elektrisch.
Man spürt den Staub auf der Zunge.
Zwei dicke Tropfen klatschen ins Haar.
Sekunden später fliehen wir nass.

Und sicher aus dem vierten Stock
schreien wir gegen den Wind vom Balkon.
Wir sehen die Blitze, bevor wir sie hörn.
Sie markieren die Stadt als ihr Revier.
Am ächzenden Kran schwingt drohend der Haken.

Unterm geparkten Ford ein Kätzchen,
geflohen vorm Krachen, vorm Wasser.
Zwei durchklitschte Mädchen versuchen vergeblich, es
   zu locken.
Sie sind tätowiert bis zum Hals.

Stolz

Alle waren aus dem Häuschen,
als der letzte Ton verklungen.
Stolz hat sich der Virtuose
die Verbeugung abgerungen.
Misstrauisch halbierte Demut:
Argwöhnt er doch Lästerzungen,
denn er weiß, dass sein Crescendo
nicht in Fülle durchgeschwungen.
Wissend, dass der simple Pöbel
seine Lieder nachgesungen
hat er sich der Rezensenten
wegen abends aufgehungen.

VORBEI

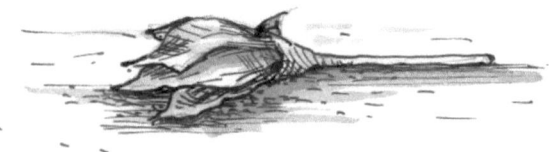

Begräbnis

Frapp, frapp, frapp!
Eine Handvoll Sand ins Grab.
Helle Schleife, Blumenstrauß.
Eine Blüte fällt heraus,
die sich heimlich löste.

Frapp, frapp, frapp!
Eine Handvoll Sand ins Grab.
Wir lebendig, du bist tot,
was uns allen einmal droht.
Wer ist wohl der Nächste?

Bahnimmobilieninspekteur

Wissend scheu betritt er einen kahlen Raum.
Die Ruine wird wohl fallen. Aus der Traum.

Sie diente einst den Weichenstellern als Zentrale.
Im Handwaschbecken liegt noch eine Kaffeeschale.
Im Spind ein schlankes Pin-Up. Die ist heute Greisin.
Ein karger Baum ragt tapfer zwischen rostgen Gleisen.

Und in den Schaltraum er die Schritte lenkt:
Wird's abgetragen oder wird's gesprengt?
Per Smartphone ordert er bereits den Kran.
Ein letzter Blick zurück: Das wär getan.

Die Diele kracht, und auch bei ihm macht's Knick.
Er bricht sich an dem Handwaschbecken das Genick,
erinnert sich an einen alten Spruch der Bahn.
Er handelte von Vorsicht und von Porzellan.

Nachlass

Du liegst still im Sterbehaus.
Wir leer'n deine Wohnung aus.
Teppich, Schränke, deine Kleider
müssen fort nun, leider, leider.
Ja, du hast daran gehangen.
Was ist damit anzufangen,
wenn die einzge, die's geliebt,
alle Viere von sich schiebt?
Fünfzig Fotoalben – bitter,
Strickpullover und die Zither,
dein Barrett, die alte Uhr
– all das holt die Müllabfuhr.
Nur dein Bild mit Eugen Schmidt
nehm als Andenken ich mit.
Wir leer'n deine Wohnung aus.
Du liegst still im Sterbehaus.

Tod

Ein Knips, dann gehen die Lichter aus für immer,
kein Klang, keine Wärme und kein Gedanke.
Der Knipser wird kommen,
doch du weißt nicht wann.

Wir schwanken, wir wanken, suchen und fluchen.
Was könnten wir strebend dem Leben entnehmen?
Geschrei und Gebrabbel.
Bald ist es still.

Komm, Tod, sei mein Freund,
der mich stündlich erinnert,
das Leben ist kostbar,
verplemper es nicht.

Plemper.
Plemper.

Beerdigung

Der Regen fällt auf Friedas Grab
Früh gab sie ihren Löffel ab.

Der Regen fällt aufs hübsche Beet.
Wenn Hilfe käm, käm sie zu spät.

Es regnet auf den Rosenstrauch.
Vorbei – es war ihr letzter Hauch.

Es regnet auf den Fliederbusch.
Der Posaunist spielt einen Tusch.

Der Regen nässt sein Instrument.
Die Frieda jetzt für immer pennt.

Und nass wird auch ihr brauner Sarg.
Jetzt ist sie hin, einst war sie stark.

Tod und Regen und die Zeit:
Traurig- und Notwendigkeit.

ERMAHNUNG

Mahnung zur Geduld

Ungeduldig wart ich auf das Resultat.
Lächelnd mahnst du: Nur was hier ist, findet statt.

(Verantwortung)

Freiheit ist leicht.
Freiheit ist Spiel.
Wird auf Verantwortung sie geeicht,
findet der Mensch sein Ziel.

Phantasie (Narrheit 2)

Es wohnt ein Narr in dir, grad zwischen deinen Ohren.
Wenn du die Augen schließt, schleust er dich aus der
  Zeit.
Dein enggelenktes Denken hat er längst befreit.
Wenn er dich tränkt, dann fühlst du dich wie
  neugeboren.

Die Hirnartillerie schießt schon aus vollen Rohren.
Und kein Gedanke, den der Narr zu denken scheut.
Es gilt kein Gestern ihm, kein Morgen, nur das Heut.
Und so beschenkt strömt gute Laune aus den Poren.

Käm es drauf an, bräuchtst du nur ihn zum Glücke.
Beneidet, Götter, ihn, der wirklich alles kann.
Hörst du ihn flüstern, lass ihn nur recht nah heran.

Er hüpft charmant und frech in deines Grübelns Lücke.
Er sprengt des Geistes Krusten und löst jeden Bann.
Drum mach dich ihm und nicht ihn dir zum Untertan.

Appell

Lächeln macht die Menschen weich.
Fort fliegt rasch der Kummer.
Ob du arm bist oder reich,
schlauer oder dummer.
Daher lasst uns täglich grinsen.
Auf die Happiness gibt's Zinsen
und ein bisschen Herzgewummer.

Menschenkenntnis (1)

Blicke, Sprache und Verhalten
eines Menschen du erfasst.
Zählst du alles schlau zusammen,
weißt du, wenn du vor dir hast.

Doch am Ende hängt dein Wissen
nur an einem dünnen Seil.
Hinter schneller Menschenkenntnis
lauert schon das Vorurteil.

Menschenkenntnis (2)

Zweierlei Fähigkeiten verlangt der Umgang mit
  Menschen.
Wohl dir, wenn du beide beizeiten zu nutzen verstehst.
Die eine – den Leuten ins Herz zu schaun – braucht
  Erfahrung
und mehr noch – das Mitgefühl für das Leiden und
  Streben des anderen.
Den feinen Sinn dafür entwickeln manche erst spät.
Die andre – frisch zu sehen ein jedes Menschengesicht
und fallenzulassen all das, was man glaubt, längst schon
  zu wissen,
sich also zu lösen von der Ersten, die so schwer
  erworben.
Schätz keine gering. Dein Wissen werde dir nicht zum
  Hochmut,
die Frische zur Narrheit nicht. Vereint helfen sie dir und
  andern.

Mitgefühl

Herz zum Herzen braucht nicht viel.
Grenzen überschreiten
wirst du leicht durch Mitgefühl
Friede dir bereiten.

Hast du's? Und wenn ja, wieviel?
Und die Frage stellt sich:
Wann bist du von Mitgefühl
völlig überwältigt?

VERSCHOLLENES LIEBEN

Strategien

Wir pflegten, uns zu bezirzen
mit heimlichen Strategien.
Es könnte die Liebe würzen.
Doch wir haben's uns nie verziehen.

Die Liebe verträgt kein Planen,
sie braucht die Ehrlichkeit nur.
In vorgeschriebene Bahnen
presst sie kein Plan und kein Schwur.

*

Nichts gab's mehr zusammenzuraufen.
So geht's, wenn die Liebe verliert.
Wir standen vorm Scherbenhaufen.
Wir hatten uns ausmanövriert.

Motive

Täglich Streite, Kämpfe, Schlachten,
denen wir uns stellen müssen.
Manchmal werden wir verbissen.
Wir entfachten
Ärger, wenn wir selber lachten.

Geheimnis

Im Frühling kamen sie sich nah.
Dezember, und das Kind war da.
Allein entbunden.
Der Vater sitzt derweil im Knast.
Sie nährt's und pflegt's und zählt die langen Stunden.
„Nun sag uns schon, von wem du's hast."
„Fragt nicht. Ich will doch mein Geheimnis hüten."
Ist keiner, dem sie traut, noch da,
nur ihre Puppe Annika.
Solln doch die Eltern wüten.
Der Knabe wird sechs Jahre alt.
Es kommt der Vater heim, sein Lachen schallt.
Er nimmt das Kind kurz auf den Schoß.
Dann muss er wieder los.

Vor Gericht

Sie waren ihrer Kraft entladen
nach sieben Tagen vor Gericht.
Der Zorn, wie dichte Pulverschwaden,
verfliegt nur langsam, wenn man ficht.
Das Haus, das Geld, die Zeit, die Kinder,
wer von uns beiden lebt gesünder.
Und was ich will, bekommst du nicht.

Was kriege ich, was muss ich lassen?
Wann wurd' das Liebste nur zum Feind?
Was bleibt – gewohnheitsmäßig hassen.
Was war es, das uns einst geeint?
Und nach dem Urteil ward es leise.
Sie saßen beide wie zwei Greise,
zuhaus die Augen leergeweint.

Die Lüge

Zwei lange Jahre hat er dich belogen,
in denen du vor Kummer ihn verschontest
und, ihm zu helfen, bei ihm wohntest,
und Trost ihm gabst, wenn seine Sorgen überwogen.

Und jeden Wunsch, auch wenn er überzogen,
du rasch erfülltest und mit Küssen lohntest.
Du hast dich dabei nicht einmal verbogen,
wie du mir gegenüber stets betontest.

Ist diese Zeit durchs Lügen korrumpiert?
Du selber sagst, du hast sie tief genossen.
In seinen Armen hast du Glück gefunden.

Das Glück durch Lug und Lug durch Glück verziert.
Lass los, denn beide sind bereits verflossen.
Vorbei! Was bleibt, sind die gelebten Stunden.

Der Ehebruch

Als er eines Abends nach Hause kam,
vom Einkauf waren die Taschen so schwer,
da nahm sie, wie immer, ihn in den Arm
und merkte dabei: Ich lieb ihn nicht mehr.

Die Große saß an den Hausaufgaben.
Der Kleine war in der Wanne Pirat.
Sie dachte an all die Seelennarben
und empfand ihr Leben plötzlich so fad.

Ob wir nach dem Abendbrot alles besprechen?
Dann kommt es endlich sofort aufs Tapet.
Oder soll ich ganz einfach die Ehe mal brechen?
Ob zwischen den Männern und mir noch was geht?

Und so verrauchten die letzten Flammen
der Liebe, obgleich's ihr im Herz manchmal stach.
Sie blieb bis er starb mit ihm noch zusammen.
Und schließlich war er's, der die Ehe brach.

Mittelstand (ménage à trois)

Sie fand sich plötzlich wieder in der Mitte
– da der, dort jener. „Dass mir das geschieht!
Ich hielt mich nie für derart angebrüht."
zwar nicht die Lachende, gleichwohl die Dritte.

Aus dem Dilemma führen keine Schritte.
Mit Dreien ist es stets das alte Lied:
Du kannst es managen, solang es glüht.
Am Ende halfen nur noch klare Schnitte.

Sie löste sich von einem, denn sie fand,
es sei nur fair, schenk ich ihm reinen Wein.
Und mit dem anderen ein sichres Band.

Auch den verließ sie, denn er ward zum Schwein.
Einst war's die Mitte, jetzt der Rand der Wand.
Zu dritt ist's besser noch als ganz allein.

Abschied

Am leeren Bahnhof mit gepackten Taschen.
Ein kalter Wind.
Die Hoffnungen, du kämst zum Überraschen,
verschwunden sind.

Im Regionalexpress zehn fette Sachsen
und ein Kind.
Und als fürs Kind ich mach zwei halbe Faxen,
wird's ernst geschwind.

Und unter mir rumort das Bahngetriebe.
Die Scheiben: Blind.
Hab keine Hoffnung, dass ich deine Liebe
je wiederfind.

Jetzt fehlte ihr ein Zahn

Er hatte es ja angekündigt.
Ich hätte besser aufpassen sollen.
Und nicht widersprechen.
Er hat auch seine guten Seiten,
zum Beispiel kann er lustig sein.
Manchmal. Wenn wir nicht streiten.
Ich provoziere ihn zu oft.
Ich muss wirklich besser aufpassen.
Er kann ja auch lieb sein.
Der Olli war ja viel schlimmer.
Eigentlich hab ich ihn nicht verdient.
Und die Küche hat er allein renoviert.
Er kann ja manchmal auch lieb sein.
Ich muss nur besser aufpassen.
Und provozieren darf ich nicht mehr.

Schmerz

Ich sink auf meine Knie nieder.
Mir ist, als ob ich heute beten müsst,
als verlör ich die Gabe zu lieben,
und nur ein Gott könnt helfen.

Ach, auch ich schrei aus tiefster Not zu dir.
Du döst gemütlich, trinkst Kakao.
Meine Stimme bleibt leer.

Mir ist, als schwebe mein Gebet
seifenblasengleich hinweg.
Und kaum beginnt es seine Reise,
ist es geplatzt,
als sei es nie gewesen.

Haftentlassung

Nach fünfundachtzig Wochen ist er frei.
Nervös fährt er nach Hause mit dem Bus.
So schnell, so langsam ging die Haft vorbei.
Was soll ich tun? Was darf? Was muss?

Der Hausflur riecht nach Seife und nach Rauch.
Der Schlüssel klemmt wie immer in der Tür.
Und aus der Küche dringt ein zarter Hauch
von Sellerie, Kartoffeln und von ihr.

Jasmin hält jetzt wahrscheinlich Mittagsschlaf.
Die Bücher unberührt noch im Büro.
Ob er Jasmin und Janek wecken darf?
Vielleicht. Doch erst mal geht er schön aufs Klo.

VON ANDEREN ZEITEN
UND ORTEN

Fanatismus

In der Menge stand
einst ich im hellen Herbst.
Dröhnend scholl der Gesang:
Tragende Welle schob's
zwischen die sehnenden Leiber hindurch.
Fahnen, Lachen und Wut.
Selbstgerecht trunken die Masse bewegt.

Meine Seele, ein Segelboot, geschubst,
schwamm, wie unsichtbar
heimlich vom Menschenmeer hinweg,
taumelnd und ohne Einigkeit.
Ob mich jemand gesehn?

Verlust

Wir hatten Roger gern in unsrer Mitte.
Sein Scharfsinn half uns, wenn's ums Ganze ging.
In andren Kompanien fiel jeder Dritte.
Vielleicht wurd' schlau, wer so am Leben hing.

Und nach dem Kriege wurd er Apotheker
– ein kleiner Laden, eine kleine Stadt.
Er lebte fromm und friedlich wie ein Quäker,
der nie das Morden je gesehen hat.

Sein Tod war uns wie eine neue Eiszeit.
Wer hat verstanden, was uns Roger gab?
Wir sahen damals seine Schläue, nicht die Weisheit.
Denn beides nahm sich Roger mit ins Grab.

Schuld

Die Freundinnen saßen so freundlich beisammen.
Recht flink trat ich ein wie ein frierendes Frettchen.
Sie schauten kaum auf, als ich rasch meine klammen
Velourschuhe auszog. Ich kam aus dem Städtchen.

Ein lockerer Gruß, denn ich wollt sie nicht stören.
Für mich war's ein Scherz, für sie klang es wie Hohn.
Fast hätt ich vermutet, sie könnten's nicht hören.
Die Älteste eilte zum Münztelefon.

Ein Wort gab das andre. Und untereinander
zerstritten sie sich. Während ich nur noch schwieg
und in den Gedanken viel weiter schon wanderte,
herrschte bei diesen Gespielinnen Krieg.

Armut

Ganz langsam kroch die Armut in die Stadt.
Manch einer fror, manch einer wurd' nicht satt.
Bald schliefen viele unter Brücken,
die Augen müd, die Körper matt.
Und Rücken wärmte sich an Rücken.

Ganz langsam kroch die Armut in die Hirne.
Die Sorge zeigte sich auf jeder Stirne.
Der Hass entflammt. Das Wir verbrennt.
Das Herz wird hart und dumm die Birne,
wenn keiner was dem andern gönnt.

Resignation

Die Ziegen werden sterben, und zwar bald,
da hege ich gar keine Illusion.
Ich raste hier. Bedenke: Ich bin alt.
Und dieses kranke Maultier ist der Hohn.

Geh du ruhig weiter, doch auch dich erwischt's.
Dein Leib ist ebenfalls komplett verstrahlt.
Das Schicksal lacht, und unsre Karten mischt's.
Wir sterben, und wer überlebt, der zahlt.

Geiseln

Ausgespielt hat man uns und verhauen.
Ohne Demut sind wir und Vertrauen.

Halb verblödet bleiben wir in diesen
Löchern aufeinander angewiesen.

Durchgekocht wie Früchte im Kompotte
flucht ein jeder elend seinem Gotte.

Nachtwahn

Die Uhr zeigt Zwei Punkt Sechsunddreißig.
Wie sich die Stille doch bläht, wo's krachen und
   schreien müsst.
Verborgen lauschen die fromm-frechen Nachbarn.
Seit Juni schon haben sie mich auf dem Kieker,
weil sie mich beneiden um meine Gedanken.
Am Schlüsselloch!
Es riecht schon wieder nach Gas. Dagegen bin ich
   immun.
Die Augen brennen. Auf die haben sie's abgesehn.
Wo liegt nur die Schere?
Das Meerschweinchen muss in den Müll. Aber nicht
   jetzt!
Ich darf jetzt auf keinen Fall trinken.
Wenn sie nur schrien!
Nur noch diese Nacht. Dann werden sie weichen vor
   meinem Verstand.

Eigenlob

Die ersten demokratischen Wahlen im Königreich
  Bhutan
verliefen, so las ich, nur stotternd.
Denn dort sei es Brauch,
dass man den, der sich selbst lobt,
auslacht.
So hatten die Kandidaten es schwer,
für sich zu werben.
Ein solches Stot-
tern
wünsche ich uns bisweilen.

Bauer 2018

Bauer liegt im Bett.
Bauer klickt kurz: *Zapp!*
Kuh wird jetzt gemolken:
Melkmaschinen-App.

BUCKOWER

BETRACHTUNGEN

Abschied von Buckow I – Die Perle

Es ruht der See, und faul sind heut die Mücken.
Die Villa duckt sich fast, sie will nicht prahlen.
Sie weiß durch ihre Schlichtheit zu verzücken.
Und könnt ich's, würd ich dieses Bild wohl malen.

So hübsch der Ort, sie nennen ihn die Perle,
in dieser sonst an Reizen armen Gegend.
Am Vormittag beharken rohe Kerle
das Unkraut zwischen Rosen. Wie bewegend!

Vier-Stern-Hotel, hier wird herumgenobelt:
„Sehr wohl, der Herr. Ein Bierschen. Mache ich."
Doch bleibt man tief im Herzen ungehobelt.
„Salat auch ohne Schinken?" – „Hamwa nich."

Sicherheit im August

Der See ruht sich aus.
Kein Boot, kein Schwimmer.
Motorsägen
und Rasenmäher im Stall.

Das Eifersuchtsquaken
der Haubentaucher – verstummt.
Sie gleiten nun schweigend.

Und selbst die männlichen Mücken,
erschöpft von der Nachmittagsparty
halten nun inne.

Wir sitzen am Steg.
Du nimmst meine Hand.
Ich fühle mich sicher.

Meditation

An den Bach
gesetzt.
Halt die Füße rein.
Er fließt, und sie tun nichts.
Könnt ich doch in manchen Lebenslagen
so still und achtsam wie die Füße sein.

Abendlied

Der Sternenhimmel wölbt sich überm See.
Ich sitz am Steg und sag dem Tag Ade.
Erlös die müden Füße von den Schuh'n.
Nur kurz, dann dürfen auch die Augen ruhn.
Der Wind schlief ein. Das Schilf, es flüstert nur.
Und innehält ein jede Kreatur.
Ein Fröschchen klatscht ins Wasser aus Versehn.
Wir alle eins im großen Weltverstehn.

Und sachte binde ich mir meine Schuh.
Ich stehe auf und gehe nun zur Ruh.
Ein letzter Blick. Ich sag dem Tag Ade.
Der Sternenhimmel wölbt sich überm See.

BESINNUNG 2

Zeitalter

Neben all den Schlachten, Kriegen und Krönungen,
neben all den Pakten, Reformen und Rebellionen,
neben all den Stürmen, den Kämpfen, den Krächen,
da muss auch ein gewaltiges Lieben gewesen sein.

Einer

Ach, könnt' mein Auge lächeln mit der Welt.
Die Tränen rinnen.
Und nichts, nichts kann ich
heute beginnen.

Ach, graden Rückens lief ich gern durchs Leben.
Ich wandre gebeugt.
Von Gram und Schwächlichkeit
mein Gehen zeugt.

Ach, könnt ich freien Herzens singen.
Ich bleibe stille.
Und so auch ich die Welt
mit Unglück fülle.

Abendbetrachtung

Wenn der Tag verstrichen,
die Träume auf mich warten,
dann sind fast verblichen
die Spur'n meiner Taten.

Dem Narr'n angebiedert.
Das Weh fortgefegt.
Den Dank nicht erwidert.
Die Lieb nicht gehegt.

„Lass gut sein und schlafe!
Erlös das Gewissen!
Die Nacht sei nicht Strafe."
Ich schrei in mein Kissen.

Narrheit

Ein Narr, wer wider bessres Wissen
den eitlen Pfad zu Ende geht,
wer sinnlos quakt und abgerissen
sich in des Lebens Strudel dreht.

Doch Narrheit mischt das Denken auf.
Das Irre einen Reichtum birgt.
Der grade Weg, der leichte Lauf:
Ein Narr, wer seinen Narrn erwürgt.

Demut

Gerecht schien uns der Zorn und unser Wüten.
Der Kampf ums Gute macht die Stimme heiser.
Und heut: Gerechtes muss man selber bieten,
mit Demut, Liebe und vor allem – leiser.

Wunsch

Ich wär gern zuhaus in der Welt.
Die Welt hätt ich gerne zuhause.

In Erwartung des Winters

Laue Tage
reiche Ernte,
wolln uns auf das End besinnen.
Trage heim, was du verdientest
Vor es kalt wird, deck dich ein.
Maulwurf, Eichhorn, Fledermaus wolln nicht ohne
  Nahrung sein.
Sei behend und spute dich. Auch die Herbstzeit wird
  verrinnen.

Sorge faltet meine Stirn.
Kann ich denn noch Zeit gewinnen?
Seh auch meinen Winter nahen,
darf nicht weinen, darf nicht schrein.
Selbst wenn ich als Erster geh,
den letzten Kampf ficht man allein.
Sollt es stürmen auch da draußen.
Hauptsach, ich trug Frieden drinnen.

Schnuppre tiefer nun die Düfte, sauge gieriger die
  Lieb.
Hektischer noch such ich Ruhe, ruhiger wird
  gleichwohl mein Schritt.

Weiß, es wird kein Morgen geben, wenn ich heute was
verschieb.
Lass die trüben Tage ziehen, nehm die klaren Nächte
mit.

Manchmal in der Morgenstunde, schauert's mich und
quält's und beißt's.
Weiß doch, ich erwart den Winter
kühlen Herzens,
hellen Geists.

Wozu

In deinen Sprüchen, den Gedichten,
wonach soll man sich denn da richten?
Nach nichts. Es schwindet mit der Zeit.
Außer vielleicht: Freundlichkeit.

Einsamer Gang

Nachtsüber gehst du
im Feld spazieren.
Den Weg erkennst du,
Dank, Glanz der Sterne.
Den Trübsinn lässt du
sanft von dir gleiten.
Dein Haus erreichst du
geheilt.

Inhalt